LE
CATÉCHISME
ROYALISTE

Prix : 20 centimes.

PARIS

LIBRAIRIE SAINT-JOSEPH

TOLRA, LIBRAIRE-ÉDITEUR

68, RUE BONAPARTE, 68

1872

LE

CATÉCHISME ROYALISTE

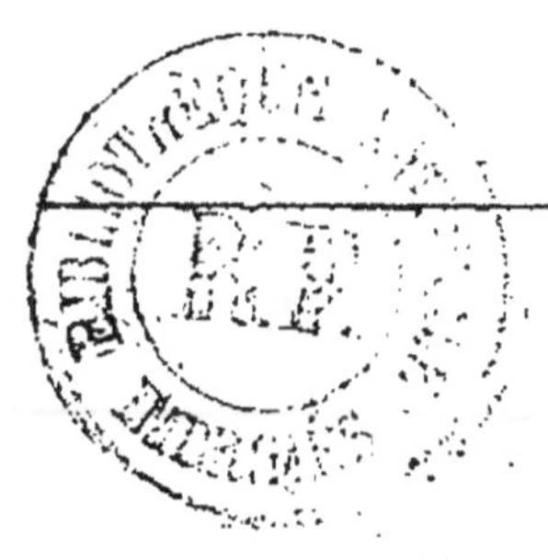

I.

De la royauté.

D. Qu'est-ce que le royaliste?

R. C'est celui qui se reconnaît sujet ou partisan d'un gouvernement appelé royauté.

D. N'y a-t-il pas plusieurs sortes de gouvernements qui portent ce nom?

R. Oui; il y a plusieurs sortes de royautés : la royauté élective, la royauté héréditaire, la royauté absolue, où le roi gouverne seul, et la royauté tempérée, où le roi gouverne avec tout le peuple, ou avec une partie du peuple.

D. De quelle royauté voulez-vous ici parler?

R. Je veux parler de la royauté héréditaire et tempérée par le peuple ou par ses représentants.

D. Pourquoi êtes-vous royaliste?

R. Je suis royaliste, parce que la royauté est le vrai gouvernement de ma nation, le seul raisonnable, et qui lui convienne.

D. Qu'entendez-vous par ces mots : le seul gouvernement qui convienne à ma nation?

R. J'entends que c'est le seul gouvernement qui soit conforme au caractère du peuple français, à ses besoins, à ses mœurs et qui puisse le rendre bon, sage et heureux.

D. Pourquoi est-il conforme à son caractère?

R. Parce que le Français est trop fougueux et trop inconstant pour se gouverner librement. Son ardeur, pour être utile, et rester raisonnable, a besoin d'être réglée par la force du pouvoir monarchique. Lorsqu'il s'est vu livré à lui-même, il n'a jamais pu se gouverner sagement, et sans excès. Il semble plutôt fait pour dépendre d'un chef que pour se commander, pour vivre sous le gouvernement d'un roi que sous une république, et il est dans son caractère d'avoir un maître. S'il n'a pas de maître il s'en fait, et les maîtres qu'il se donne sont pires souvent que ceux qu'il n'a pas voulus. S'il aime les grandes choses, il faut qu'un autre l'y entraîne et le conduise. Il n'a même rien accompli de vraiment glorieux et de durable que sous un monarque. Il devient ce qu'on veut le faire; il a toujours obéi au premier qui l'a poussé : tant son caractère est propre à supporter l'autorité, et à recevoir un frein.

D. Comment la royauté est-elle conforme à nos besoins?

R. La royauté nous donnerait l'ordre, la paix et le travail au dedans, la force et le respect au dehors, qui sont nos premiers besoins. Un gouvernement qui se rattache à Dieu, et qui représente le vrai droit, agit autour de lui selon les principes auxquels il tient lui-même. Par là il rend à chaque chose sa place et son droit; il assure à la famille, à la propriété, à la religion, ou à l'individu ce qui leur appartient. L'honneur est plus grand, le sentiment du devoir plus fort, le droit plus respecté. Sous un régime essentiellement juste, la justice règne entre les citoyens comme entre les classes. Au milieu de cette harmonie, les divisions cessent, la fraternité se fait, les misères diminuent, le travail et la prospérité renaissent avec la paix. Que si, même dans un si bel ordre, il reste des causes de corruption ou de malheur (où n'en trouve-t-on pas dans les choses humaines?) elles sont moindres que dans un gouvernement faux et pernicieux par ses principes.

D. Comment la royauté est-elle conforme à nos mœurs?

R. Il y a trop de mal aujourd'hui dans notre société, trop de corruption, trop de décadence, pour que la liberté républicaine puisse fortement s'y établir. L'indépendance du peuple est un danger, et dégénère toujours en désordre et en tyrannie. C'est un frein qu'il lui faut, non l'indépendance.

Dès qu'il a la liberté, il en abuse, et il la perd bientôt par ses propres excès. Les grandes vertus qui soutiennent les républiques, ne sont ni assez fortes chez lui, ni assez générales. Qui ne voit plutôt que les divisions des esprits, le relâchement des mœurs, les progrès de la corruption, si grands parmi nous, augmenteraient avec la liberté républicaine, et appellent un gouvernement plus fort ?

D. Comment la royauté peut-elle rendre le peuple français sage, bon et heureux?

R. La royauté étant le vrai gouvernement, ne peut que le rendre sage et bon. Aucun autre gouvernement ne le conduira au bien que le vrai gouvernement. Les lois qu'il lui donnera seront justes, et conformes, comme ce gouvernement lui-même, à ses véritables besoins. Enfin, la royauté relèvera la vertu du peuple à l'aide de ce qui peut le mieux le moraliser, la religion catholique, qu'elle a toujours soutenue. Une telle royauté nous rendra heureux. Il est évident qu'un gouvernement qui convient par excellence au caractère, aux besoins, aux mœurs d'un peuple, et qui le rend vertueux, fera son bonheur.

D. La royauté n'a-t-elle pas un autre avantage ?

R. La royauté nous met en paix avec l'Europe. L'existence de grands États ennemis de notre république, qui n'ont pas l'esprit républicain, et ne l'auront jamais, nous fait de la royauté une loi de salut, si nous ne voulons être, comme la Pologne, toujours menacés par ces empires, et enfin anéantis, sous prétexte de détruire avec la France le foyer du mal révolutionnaire et d'en délivrer l'Europe.

D. Quelle est la condition première et générale pour établir un gouvernement?

R. C'est de bien connaître la nature du peuple, à laquelle le gouvernement doit se rapporter. Un gouvernement ne se crée jamais d'un seul coup, et tout le talent des politiques ne suffit pas à le faire. Il naît peu à peu du caractère, des mœurs et des besoins d'une nation; il existe dans sa nature, avant d'être établi. Que l'on considère toutes les républiques; elles n'ont subsisté que par une disposition naturelle à l'état républicain. La France, née, accrue, développée avec la monarchie, doit être essentiellement monarchique!

II.

De l'hérédité et du droit divin.

D. Quels sont les deux principaux caractères de la royauté légitime?

R. Elle est héréditaire et de droit divin.

D. Quel sens faut-il donner à l'hérédité royale?

R. Cette hérédité ne signifie pas la propriété héréditaire des personnes ni des terres, mais la propriété du pouvoir. Les hommes n'appartiennent pas au roi; ils ne peuvent passer, comme un héritage, aux membres d'une famille. Le roi n'hérite que du droit de les gouverner.

D. Quels sont les avantages de l'hérédité?

R. Elle assure l'ordre social. Dans notre pays, si agité par les passions des partis, l'élection des rois ou des présidents serait une cause de troubles, dont l'étranger profiterait pour intervenir dans nos affaires, nous affaiblir et nous ruiner.

D. Quels sont les inconvénients de l'hérédité?

R. Le seul inconvénient de l'hérédité, c'est qu'il peut naître des princes incapables ou mauvais. Encore cet inconvénient est-il très-faible dans une royauté tempérée, où le roi ne gouverne pas seul. J'ajoute que, même dans une royauté absolue, les inconvénients de l'hérédité seraient moindres que ses avantages; et qu'enfin les peuples ont ordinairement les princes qu'ils se sont faits. Si un peuple reçoit de la providence de mauvais rois, c'est qu'il les a mérités.

D. Peut-il y avoir plusieurs royautés héréditaires dans une même nation ?

R. S'il existe plusieurs royautés héréditaires, l'une de ces royautés sera la véritable ; on l'appellera légitime. Les autres, nécessairement fausses, faibles, contraires à la justice autant qu'au vrai bien du peuple, ne pourront le gouver qu'en le trompant et auront à flatter ses mauvaises passions pour s'établir.

D. Qu'est-ce que le droit divin, et que signifie ce mot?

R. Le droit divin signifie qu'étant conforme à la nature du peuple et à son bien, la royauté légitime doit plaire à Dieu, et que Dieu lui-même l'a instituée. Le gouvernement de droit divin se reconnaît donc à ce signe : qu'il convient à la nature du peuple, et qu'il tend à le rendre juste.

D. Comment Dieu a-t-il institué la royauté de droit divin?

1.

R. Dieu ne l'a pas instituée par des moyens extraordinaires ni surnaturels; mais il a institué ce gouvernement selon l'ordre accoutumé de sa providence, par le concours naturel des choses, et en lui donnant tous les bons éléments qui l'ont formé.

D. Ce signe convient-il aux autres gouvernements ?

R. Oui. C'est par là qu'on distingue s'ils sont vrais. Tout gouvernement, pour être vrai, doit réaliser ces deux choses : 1º le bien moral du peuple, que Dieu veut, et par lequel un peuple s'élève à Dieu, comme à sa fin suprême; 2º son bien matériel.

D. La liberté est-elle incompatible avec la royauté héréditaire et de droit divin?

R. Au contraire. C'est le seul régime qui puisse nous donner l'ordre avec la liberté, parce qu'il porte avec lui et le respect nécessaire pour s'imposer au peuple, et la force pour le réprimer. Les autres gouvernements peuvent avoir sa force; mais ils n'ont pas son autorité, puisqu'ils dépendent du peuple, qui les renverse à son gré, ayant appris à ne rien voir au-dessus de lui-même, à se croire son seul maître, et à ne pas reconnaître les gouvernements comme un principe supérieur à ses caprices.

III.

Du peuple.

D. Reconnaissez-vous d'autres formes de gouvernement que la royauté ?

R. On peut reconnaître d'autres formes de gouvernement, qui sont également vraies, si elles ont les caractères de tout bon gouvernement, que nous avons indiqués.

D. Doit-on blâmer le gouvernement républicain ?

R. Non. Il peut convenir à d'autres peuples, se rapporter à leur nature, et les rendre même plus heureux que la royauté. La république est bonne, dès qu'elle est conforme aux desseins de Dieu, à la justice, et aux deux principales fins d'un peuple, qui sont le bien et le bonheur. Nous disons seulement qu'en France la république serait un mal, parce que nous n'y sommes point faits, et que le tempérament de la nation la repousse. Il en est de la forme républicaine comme de bien des choses, qui, en soi excellentes, sont mauvaises dans certains cas. Elle n'est bonne qu'à certains peuples et dans certaines conditions.

D. Quel est le vice radical de la constitution républicaine ou des autres constitutions qu'on veut établir en France?

R. Tous ces gouvernements reposent sur un faux principe : la souveraineté du peuple.

D. D'où est venu ce principe?

R. De la Révolution.

D. Qu'a été la Révolution ?

R. Un mouvement qui, juste à l'origine, et né d'un grand besoin de liberté, tourna en révolte contre les institutions, contre les classes, et contre toute autorité.

D. La Révolution a-t-elle attaqué seulement les institutions et les classes ?

R. Elle attaqua Dieu comme leur principe, et comme le fondement de l'autorité sociale. Elle renversa l'antique religion, pour faire régner à sa place la raison. Si elle n'a pu la ruiner tout d'un coup, elle a essayé de la tuer peu à peu, en déclarant la loi athée, en égalant toutes les religions aux dépens de la vraie, et en éloignant de plus en plus la religion de l'individu et de l'État.

D. Démontrez la fausseté du principe de la Révolution ?

R. Ce principe est absurde, parce qu'il fait du peuple un être absolu, et qu'il met l'autorité dans les volontés du peuple. La liberté ne peut donner au peuple le droit de tout faire. Quoique libre, il est soumis à des lois. Le peuple a donc un maître : c'est la justice, la raison ou la loi, comme on voudra le nommer.

La liberté ne donne pas plus au peuple le droit de commander aux hommes. Jamais les volontés libres d'un peuple ne pourront devenir une loi, ni commander quelque chose. Comment la volonté de mon semblable, ou toutes les volontés d'un peuple auraient-elles sur moi quelque droit? Comment me feraient-elles une obligation morale? Ce qui m'oblige, ce ne sont pas les volontés des autres, c'est la raison et c'est la justice. Voilà mon unique maître, et non le peuple. La volonté ne commande que par la raison. Commander ne consiste pas à vouloir, mais à vouloir ce qui est juste. Hors de la justice, on peut forcer, on ne commande pas. On n'obéit pas à celui qui veut, mais à celui qui veut ce qui est raisonnable. On obéit à la loi parce qu'elle est juste, et non parce que le peuple l'a voulue.

D. Les représentants du peuple obéissent-ils seulement à ses volontés ?

R. Lorsque le peuple se nomme des représentants, il est faux de dire qu'ils doivent agir selon la volonté du peuple, et en son nom; leur devoir est d'agir selon la raison et la conscience.

D. Vous reconnaissez donc quelque chose au-dessus de la volonté du peuple ?

R. Oui, la justice et la raison. Il ne faut obéir

au peuple que si sa volonté est juste. La volonté
du peuple n'est donc pas une loi ; mais la justice
est la loi suprême à laquelle un homme ou un
peuple obéit.

D. Quel sera le vrai gouvernement d'après
ces principes ?

R. Le vrai gouvernement sera le plus raisonnable, celui où la raison et la justice gouverne-
ront, soit par le moyen d'un seul, si la nature
du peuple rend ce gouvernement plus raisonnable et plus juste, soit par le moyen de tous ou
de plusieurs, si ce gouvernement vaut mieux.

D. Que concluez-vous en général de ces vérités ?

R. Puisque la justice est le premier devoir et
la première fin du peuple, j'en conclus qu'il ne
doit pas se gouverner en république, si ce gouvernement l'expose à blesser la justice en le laissant trop libre, et en lui permettant de tout faire.
La république ne doit exister que dans le cas où
le peuple est assez sage, assez éclairé pour se
gouverner lui-même, et où le gouvernement de
tous vaut mieux que celui d'un seul ou de quel-
ques-uns. Il est absurde de poser en principe la
république comme un gouvernement nécessaire
et universel.

D. Comment faut-il se conduire à l'égard du
principe de la Révolution ?

R. On le subit comme une nécessité, non
comme une loi. Il est évident qu'un gouvernement, même excellent, ne résiste pas à tout un

peuple. Si la volonté de toute la nation le repousse, il doit tomber. Qu'importe ? Ce gouvernement, malgré l'opposition générale, reste bon et légitime. Le peuple seul est mauvais, et agit mal, en ne le voulant pas.

D. Les autres républiques ont-elles admis le principe de la souveraineté du peuple ?

R. Les vrais républiques n'ont jamais pris la souveraineté du peuple dans ce sens absolu. Toutes ont reconnu au-dessus du peuple Dieu et la loi.

D. Quelles sont les conséquences du principe de la Révolution ?

R. Toutes nos révolutions viennent de ce principe, qui a ôté aux rois toute autorité, et au peuple tout frein.

D. Que pensez-vous en général de nos républicains ?

R. Que ce sont des insensés qui poursuivent des chimères, voulant donner aux peuples un état de choses contraire à leur nature.

IV.

Rapports des citoyens entre eux dans la royauté.

D. Les citoyens n'ont-ils pas des rapports entre eux dans la royauté ?

R. Oui, les citoyens ont des devoirs et des droits réciproques.

D. Qu'entendez-vous par le devoir ?

R. J'entends par devoir : l'obligation où je suis de respecter les droits d'autrui.

D. Qu'entendez-vous par les droits ?

R. Ce qui doit être respecté dans un homme, sa personne, et tout ce qui s'y rapporte, comme ses biens, sa réputation, sa famille.

D. Chacun n'a-t-il pas les mêmes droits ?

R. Tous les hommes ont les mêmes droits. L'obligation que j'ai envers les autres, ceux-ci l'ont envers moi-même. Si les autres ont droit à mon respect, j'ai droit au respect des autres. Que si je manque au respect de mon semblable en violant ses droits, je mérite de perdre les miens.

D. Pourquoi les hommes se doivent-ils le respect ?

R. Parce qu'ils sont tous égaux, raisonnables, soumis aux mêmes lois, immortels, images de l'être infini, leur principe et leur fin commune, auquel leur grandeur comme leur félicité est de s'élever.

D. Par quoi sont réglés nos devoirs et nos droits ?

R. Par la loi morale et par la loi civile.

D. Qu'est-ce que la loi morale ?

R. C'est la vue claire et intime du bien et du mal, commune à tous les hommes.

D. Ne lui donne-t-on pas un autre nom ?

R. On l'appelle aussi la conscience.

D. Qu'est-ce que le bien ?

R. Le bien est ce que la conscience nous oblige à faire. Le bien est conforme à notre nature si par là nous entendons la vraie nature de l'homme qui est de se détacher des choses créées pour s'élever à Dieu. C'est là ce que fait le bien. Mais si par notre nature nous entendons ce qui nous plaît, le bien ne lui est pas toujours conforme. Le bien n'est pas toujours ce qui nous plaît. Il y a bien des choses qui nous plaisent sans être bonnes et approuvées par la conscience.

D. Qu'est-ce que le mal?

R. Le mal est ce que la conscience nous oblige à éviter.

D. Qu'est-ce que la loi civile ?

2

R. La loi civile est l'expression de la loi morale, et pour être vraie, la loi civile doit se fonder sur cette loi. Mais elle n'en exprime qu'une partie. Combien de choses que nous devons faire, dont la loi civile ne parle pas !

D. Qui promulgue les lois civiles ?

R. Le pouvoir établi.

D. Le consentement du peuple est-il nécessaire pour que ces lois soient bonnes ?

R. Non. Elles sont vraies par elles-mêmes, et indépendamment du peuple. Que le peuple y consente ou non, ces lois existent, sont au-dessus du peuple, et s'imposent même à tout le peuple comme à chaque citoyen. Le peuple lui-même a des lois, qu'il doit suivre. Dire qu'un crime n'est pas un crime, que l'erreur n'est pas l'erreur, parce que tout le peuple l'aura voulu, serait la ruine de toute justice.

D. Les lois peuvent-elles être mauvaises ?

R. Elles peuvent être mauvaises si elles offensent la conscience et le bon sens naturel.

D. Si la loi est indépendante de la volonté du peuple, n'a-t-elle pas elle-même un autre principe ?

R. Dieu est le principe, la raison et la sanction de toute loi, civile ou morale. En faisant le bien, ou en évitant le mal, on obéit à Dieu, on tend vers lui. Si Dieu ne m'oblige au bien, rien ne m'obligera, et le bien n'aura pas de raison d'être. Quelle sera la raison du bien hors de Dieu ? qui m'obligera à bien faire ? ni les hommes, qui sont mes égaux, créés comme moi, placés sous la même loi, ni les magistrats, hommes eux-mêmes, ni la société et l'humanité, réunion de tous les hommes, ne pourront m'obliger.

D. Comprend-on quelque loi morale ou civile sans Dieu?

R. On ne comprend pas même les devoirs les plus sacrés sans Dieu. Pourquoi respecterait-on la vie du prochain, si un être supérieur, qui nous juge, qui est la raison et la sanction de cette loi, ne le commandait pas?

D. Quels sont les principaux rapports des citoyens?

R. 1º Rapports avec la famille, ou devoirs réciproques des époux, des parents et des enfants; 2º rapports avec l'État. En toutes ces choses il faut agir conformément à la loi, à la religion et à Dieu, fin de nos actes.

D. Quels sont les devoirs des parents envers les enfants?

R. Ils doivent les bien élever, leur inspirer l'amour de la vertu, de la religion, de la patrie, et les faire instruire.

D. L'instruction est-elle bien utile?

R. Oui; mais elle n'est pas indispensable pour faire de bons citoyens. Ce qui est le plus nécessaire, c'est la vertu et les bons principes, sans lesquels toute instruction serait vaine. On voit des gens instruits fort mauvais. On a vu souvent le savoir s'allier et même servir au crime ! Les chefs de toutes nos révolutions et ceux de la dernière n'étaient-ils pas instruits? Leur instruction et leur savoir ne les ont pas empêchés d'être des scélérats.

D. Quel est le plus grave inconvénient de l'instruction obligatoire ?

R. Elle atteint l'autorité paternelle, en obligeant le père à faire instruire ses enfants et à les confier souvent à des maîtres mauvais.

D. L'instruction doit-elle être laïque ?

R. La religion étant la base de toute morale et de tout ordre social devient un devoir pour la société comme pour l'individu.

Elle doit présider à tout, et il ne faut pas moins la mêler à l'enseignement qui, étant fait pour conduire l'homme au bien, l'en éloigne d'ordinaire, et ne lui laisse que vide et orgueil, quand il est séparé de la religion. Ceux qui excluent la religion de l'enseignement sont des esprits étroits ou impies. Ils agissent par une sourde haine contre la religion. Or cette haine est un sentiment antisocial. La société doit se garder de ceux qui, prétendant lui être utiles, la détournent en quelque manière des choses religieuses ; elle n'a point de pires ennemis.

V.

Rapports des citoyens avec la royauté.

D. Les citoyens n'ont-ils pas des rapports avec la royauté ?

R. Les citoyens et la royauté ont des devoirs et des droits réciproques, comme les citoyens entre eux.

D. Quels sont les devoirs des citoyens envers la royauté?

R. Le premier devoir, c'est le respect. On doit respecter la royauté dans son chef, dans ses ministres, ou dans ceux qui la représentent.

D. Pourquoi doit-on respecter les princes et les gouvernants?

R. Parce qu'ayant leur puissance pour faire observer la loi, c'est-à-dire, pour le triomphe du bien dont Dieu est la fin nécessaire, ils sont en quelque sorte les représentants de Dieu, et qu'il faut les respecter comme Dieu même.

D. Quel est le second devoir des citoyens envers la royauté?

R. L'obéissance. Le citoyen doit obéir au roi, tant qu'il ne lui commande rien de contraire à la conscience.

D. Dans quels cas doit-il refuser l'obéissance?

R. Si le roi lui commandait un acte mauvais en lui-même, c'est-à-dire contraire à la loi de Dieu, ou à l'intérêt des autres citoyens, ce citoyen ne pourrait obéir.

D. La nation a-t-elle le droit de se révolter contre le roi?

R. Tant que le roi n'impose rien d'excessif ou de mauvais il vaut mieux, pour sauver l'autorité du roi, nécessaire à l'ordre général, supporter son injustice. La révolte est juste, quand le bien est clairement en péril. Le roi ne peut être obéi dans tout ce qui blesse la conscience d'un peuple, ou la conscience d'un citoyen.

Mais si la révolte semble juste quelquefois, il y a plusieurs manières de la pratiquer. Il ne faut pas, sous prétexte de résister à l'injustice du roi, renverser tout pouvoir et le roi lui-même, ni que des ambitieux puissent profiter de la révolte pour abattre tout ce qui est, et établir un autre ordre de choses, comme en 93 ou en 1830. Il ne faut pas que la révolte, par son caractère, nuise à l'ordre général, et soit pire que l'injustice du roi. La révolte sera une sage représentation faite par tout le pays, une résistance générale, mais réglée et pacifique.

D. Pourquoi doit-on obéir aux lois établies par le roi ou par l'État?

R. Parce que ces lois sont justes, qu'elles tendent au bien, et que Dieu lui-même, par conséquent, a voulu ces lois.

D. Quel est le troisième devoir des citoyens envers la royauté ?

R. Le troisième devoir, c'est de la défendre, soit au dedans, soit au dehors. Lorsque l'étranger menace la nation dans son chef, tous les citoyens doivent soutenir le roi par les armes, et s'unir à lui contre l'étranger.

D. Pourquoi les citoyens doivent-ils défendre la royauté ?

R. Parce que la royauté les défend eux-mêmes, protége leur existence ou leurs biens, fait servir sa force à l'ordre intérieur et à la justice, concourt au bien et au bonheur de tous. En défendant son roi, la nation se défend elle-même.

D. Quels sont les droits des citoyens ?

R. Les citoyens ont droit à la protection et à la justice du roi. Le roi doit bien user de la force qu'il a reçue. Il ne doit pas nuire à ses sujets, ni les engager dans d'injustes entreprises, ni leur imposer des lois mauvaises, ni violer celles qui sont le fondement des libertés publiques.

D. Quels sont les autres droits des citoyens ?

R. Si la royauté est constitutionnelle, le peuple participe au gouvernement par ses représentants, qui partagent avec le roi le pouvoir législatif.

D. Quelles sont les conditions d'une bonne représentation ?

R. Elle doit être élue librement, exprimer fidèlement le pays, répondre à ses vœux et à ses vrais desoins.

D. Quelles sont les principales qualités d'un bon représentant ?

R. L'honnêteté, l'amour du bien public, l'expérience des affaires et le sens pratique. Les hommes d'un grand talent, des lettrés, des savants ne sont pas toujours propres à bien représenter le peuple. La plupart aiment plus leur renommée que le peuple, et négligent ses vrais intérêts pour de vaines théories.

D. Par quels moyens peut-on surtout arriver à ces résultats?

R. Par la décentralisation qui, laissant à chaque province sa liberté, sa vie propre, son administration, fait naître plus d'hommes capables, habitue et intéresse les citoyens aux choses publiques et forme de bons administrateurs pour le pays. Celui qui aura bien administré les affaires de sa province, saura bien administrer les affaires de la nation, et comprendre ses intérêts.

D. Est-il nécessaire que tous les citoyens aient le suffrage ?

R. Le suffrage universel paraît naturel dans un régime révolutionnaire, où toutes les volontés étant souveraines, le pouvoir appartient à tous également, sans que l'un ait plus de droit à gouverner que l'autre. Mais dans un régime contraire à la révolution, qui fait régner la raison et l'ordre au lieu des volontés, où le gouvernement ne dépend pas des volontés du peuple, mais d'une loi supérieure, il importe peu de donner le suffrage à tout le monde. Le principe de la souveraineté du peuple n'étant pas reconnu, l'essentiel, ce n'est pas que tout le monde vote, mais qu'on ait le mode de suffrage le plus raisonnable, le plus éclairé, le plus conforme à l'ordre général. Si le suffrage universel manque de.ces conditions, qu'on l'abolisse.

D. Résumez les attributions du roi et des Chambres dans la royauté constitutionnelle?

R. Le roi partage avec les chambres le droit de faire des lois, et il a le pouvoir exécutif. Il gouverne par ses ministres, qui sont responsables, nomme les principaux magistrats, conduit les armées, déclare la guerre et fait les traités. Les Chambres font en partie les lois, votent les impôts, jugent les ministres, et surveillent le pouvoir exécutif.

D. Pourquoi faut-il deux Chambres dans cette royauté?

R. Parce qu'elles répondent aux deux classes principales qui sont dans tout pays constitutionnel : le peuple et l'aristocratie. Cette aristocratie, quels que soient les hommes qui la forment, bourgeois, nobles, savants, fonctionnaires, n'est pas moins nécessaire à la royauté constitutionnelle que le roi lui-même. Elle met une barrière entre le roi et le peuple qui, sans elle, se-

raient trop rapprochés, et trop exposés à tomber
l'un dans la tyrannie, l'autre dans la révolte. Elle
donne à la royauté du prestige devant le peuple
et sert de protection au peuple contre l'oppres-
sion du roi, qu'elle empêche par sa puissance
de violer les lois de la liberté constitutionnelle.
C'est pour ces raisons que l'aristocratie s'appelle
l'élément conservateur.

VI.

Rapports de la royauté avec les autres États.

D. Comment se conduira la royauté avec les autres États?

R. Il faut que la justice règle ces rapports. Les États et les gouvernements doivent se conduire entre eux comme les individus.

D. Quelle fin doit se proposer la royauté dans ses relations extérieures ?

R. La première fin que la royauté doit se proposer dans ses relations avec les autres États, c'est le bien du peuple. Elle n'entretiendra donc au dehors que des relations utiles à sa nation.

D. Comment obtiendra-t-elle justice d'un État qui viole les droits de sa nation ou les siens ?

R. En lui faisant la guerre qui est le suprême moyen de justice pour les peuples, quand les moyens pacifiques n'ont pas réussi.

D. Pourrait-on empêcher la guerre et établir la paix perpétuelle ?

R. La guerre est inévitable. Il y aura toujours

des guerres entre les peuples, à cause de la nature humaine, qui est trop mauvaise et trop
imparfaite pour vivre toujours en paix avec ses
semblables. Un tribunal pacifique qui, au lieu
des armes, réglerait les différends des États,
n'est qu'une chimère ; ou, s'il existait, il n'empê-
cherait pas longtemps la guerre.

D. Est-il vrai que les rois soient toujours la
cause de la guerre?

R. Il y a souvent dans les peuples, dans leurs
haines, dans leurs rivalités, des causes de guerre
plus profondes que l'ambition des rois. Ces guerres éclateraient tôt ou tard, quand les querelles
des rois n'en donneraient pas le prétexte.

D. Est-il vrai que l'état républicain exclue la
guerre.

R. Il est faux que l'état républicain exclue la
guerre. L'histoire démontre que les républiques
n'ont pas moins aimé la guerre que les monar-
chies. De nos jours la république si sage des
États-Unis n'a-t-elle pas fait la guerre, et ne
cherche-t-elle pas encore à la faire par esprit de
conquête? N'a-t-elle pas eu ce fléau dans son
propre sein? Nos républicains, qui parlent tant
contre la passion de la guerre qu'ils appellent
une passion monarchique, sont-ils eux-mêmes
si unis? N'a-t-on pas vu les républicains de 93
se déchirer entre eux, après avoir couvert la
France de sang royaliste?

D. Est-il permis au roi d'entreprendre la
guerre pour agrandir ses États?

R. Il n'est pas permis au roi, pour accroître sa nation, de violer les droits d'une autre nation. La guerre, qu'elle vienne d'un roi ou d'un peuple, n'est juste que contre l'injustice. Ni l'ambition, ni le génie, ni l'accroissement d'un peuple ne la justifient.

D. La liberté ne prévient-elle pas les guerres injustes?

R. Dans une monarchie, où la nation par des libertés constitutionnelles modère les actes du roi, les guerres injustes sont plus rares.

D. Le roi doit-il respecter la forme de gouvernement des autres peuples?

R. Si cette forme de gouvernement, quoique différente, est raisonnable, et convient à la nation, il doit la respecter; mais il ne doit pas souffrir qu'un autre gouvernement, faux dans ses principes, exerce une mauvaise influence sur son peuple.

VII.

Rapports de la royauté avec la religion.

D. La religion doit-elle avoir place dans l'État?

R. Oui, la religion doit avoir place dans l'État jusqu'à un certain point.

D. Pourquoi?

R. Parce que la religion est le fondement de la morale, et que la morale est le fondement de toute société.

D. Expliquez-nous comment la religion est le fondement de la morale?

R. Nous avons déjà dit (chap. iv) comment la morale se basait nécessairement sur la religion. Sans Dieu aucune loi morale n'a sa raison d'être. Dieu est le principe, la raison et la sanction de toute loi.

D. Peut-on douter de l'influence de la religion sur la morale?

R. Cette influence est certaine. L'expérience le prouve. On voit en général les hommes religieux plus honnêtes que les impies; et quiconque a pratiqué sincèrement la religion, est convaincu de ses bons effets. La raison elle-même prouve cette influence. Des rapports avec Dieu, principe de toute perfection, ne peuvent que rendre l'homme meilleur.

D. Toutes les religions ne sont-elles pas utiles à la morale ?

R. Certaines religions, par les vérités qui leur sont communes avec la vraie, peuvent, malgré leur vice essentiel, avoir quelque bonne influence sur la morale. Mais la vraie religion, si elle était bien appliquée dans la société, ferait infiniment plus de bien au peuple. C'est la seule qui rende l'homme parfait.

D. Combien faut-il reconnaître de religions ?

R. Une seule, qui est la vraie religion. Il n'y a pas deux vérités contraires. Il ne peut exister un seul Dieu et plusieurs en même temps. L'âme n'est pas à la fois immortelle et mortelle; et ainsi des autres dogmes religieux. Comme il y a des religions qui admettent des vérités que d'autres excluent, déclarer toutes les religions égales, c'est déclarer le vrai égal au faux, une chose certaine égale à une chose absurde : c'est nier toute vérité. Il en est de même des points qui séparent les catholiques des protestants ou des juifs. Ou les catholiques se trompent, ou les protestants. Mais on ne peut, sans absurdité, dire que les uns et les autres ont raison.

D. Que pensez-vous de l'égalité des cultes?

R. On peut tolérer plusieurs religions, pourvu qu'elles ne fassent pas tort à la vraie. Mais il est absurde qu'un gouvernement reconnaisse plusieurs religions égales. La loi qui en reconnaît plusieurs, n'en reconnaît aucune. Elle se déclare athée : ce qui est une monstrueuse folie.

D. Pourquoi l'athéisme de la loi est-il une folie?

R. L'athéisme de la loi est la ruine de la loi, puisque sans Dieu la loi repose sur le vide, et manque d'autorité.

D. Quels sont les devoirs de la royauté envers la vraie religion?

R. La royauté doit, sans blesser la conscience de chacun ou les religions qu'elle tolère, favoriser de son mieux la vraie religion. Par là elle servira au bien de la nation. Plus un homme, plus un peuple se rapproche de Dieu par la vraie religion, plus il prend de vertu, de dignité et de grandeur.

D. Quels sont les devoirs du roi envers la papauté, ou le chef de la vraie religion?

R. Il doit le soutenir dans son pouvoir spirituel ou temporel. De même qu'il protége la vraie religion au dedans, il doit la défendre au dehors dans son chef, surtout si la majorité des citoyens professe cette religion, et s'il est dans les traditions du pays de défendre l'Église.

D. Le pouvoir temporel est-il nécessaire à la papauté?

R. Il lui est nécessaire comme le corps à

l'âme. L'âme n'est point libre, quand le corps est lié. Un homme n'est point libre quand il ne possède rien pour exercer et assurer sa liberté. Le pape sans pouvoir temporel dépend d'un souverain plus fort qui, voyant sa faiblesse, en profitera pour en faire son instrument, l'opprimer ou prendre son pouvoir spirituel.

D. Quelles conséquences aurait la destruction de la papauté ?

R. La papauté étant nécessaire à la vraie religion pour exister, la détruire serait ruiner la vraie religion ; mais on ruinerait en même temps l'idée de Dieu que le christianisme a rendue au monde, et sur laquelle repose tout le bien de notre société; on retournerait au paganisme et à ses tristes conséquences : l'esclavage, la loi de la force, la dégradation, l'abrutissement.

FIN.

TABLE DES MATIÈRES.